# OBSERVATIONS

SUR L'ECRIT PUBLIÉ

PAR 7 MEMBRES DU CONSEIL MUNICIPAL

DE LA VILLE D'AURILLAC.

1832

# OBSERVATIONS

## D'UN CITOYEN

### SUR L'ÉCRIT PUBLIÉ PAR SEPT MEMBRES
### DU CONSEIL MUNICIPAL DE LA VILLE D'AURILLAC,
### ET ADRESSÉ A LEURS COMMETTANS.

Je suis l'un de ceux que vous appelez *vos commettans*, et je n'ai pu lire l'écrit que vous venez de publier, sans éprouver le besoin d'y faire une réponse. Je la dois cette réponse à mes concitoyens que vous avez mal jugés, à leurs intérêts que vous pourriez compromettre, à la nécessité de repousser des principes et des opinions qui ne peuvent être les vôtres, parce qu'ils seraient trop funestes. Je désire montrer l'abîme où, malgré vous, malgré vos intentions, vous entraîneriez une population généreuse, amie de la liberté et non de la licence; et cette réponse, sans autre préambule, car le temps n'est pas à moi, la voici:

*L'esprit de parti*, dites-vous, *met tout en œuvre pour entraver l'expression de l'opinion publique.* Ayez la bonté de nous dire si c'est vous qui pouvez vous plaindre de quelque entrave; n'avez-vous pas eu la liberté d'exprimer votre opinion au conseil? N'avez-vous pas eu la liberté d'imprimer votre *compte rendu* et l'adresse rejetée? N'avez-vous pas eu la liberté de parler à votre manière des séances des

7, 10, 11 et 12 juin? De quoi donc pouvez-vous vous
plaindre, et de qui avez-vous à vous plaindre en cette occasion? Faible minorité dans un conseil municipal, vous
élevez la voix après la défaite, vous publiez votre adresse
rejetée, sans aucun obstacle, sans la moindre opposition,
et vous prétendez que l'esprit de parti met tout en œuvre
pour entraver l'expression de ce que vous appelez l'opinion
publique! C'est là, convenez-en, une de ces phrases ban-
nales, à grand effet, qui traînent journellement dans certaines feuilles, et que des hommes aussi éclairés, aussi
judicieux que vous ne peuvent répéter sérieusement.

Avez-vous réfléchi cependant que votre imputation
se dirige nécessairement sur vos propres collègues, ou
bien qu'elle n'a aucun sens. Ce sont eux, en effet,
qui, dans la séance du 12 juin, ont rejeté votre adresse,
cette adresse qui vous a paru *contenir les besoins, les
vœux et l'esprit de la population.* Le rejet de l'adresse
est-il à vos yeux cette *entrave que l'esprit de parti met
à l'expression de l'opinion publique?* Mais eux aussi
sont les élus du peuple et les organes de l'opinion
publique; ils étaient *quatorze* contre *six* (\*). Appelle-

(\*) Il se présente ici une singularité remarquable. Six con-
seillers sur vingt ont voté l'adresse. En voilà maintenant *sept*
qui déclarent l'avoir voulue; c'est un de plus; c'est un qui
ne la voulait pas hier et qui la veut aujourd'hui.

Ce n'est pas tout. On assure que M. D......, l'un des con-
seillers, a voté pour l'adresse, et il ne s'en cache point. Son
nom ne figure cependant pas avec celui des signataires du
*compte rendu.* Il devrait dès-lors n'y avoir que *cinq* signataires. Comment s'en trouve-t-il *sept?* Ce n'est assurément
pas *l'esprit de parti* qui a produit ces variantes; mais quel
autre esprit?......

riez-vous *esprit de parti* la décision d'une aussi imposante majorité ?

*Chose étonnante*, dites-vous, en parlant de la commission de l'adresse, *trois* membres sont pris dans la minorité, et *deux* seulement dans la majorité! Cela vous étonne! et ne savez-vous pas qu'il est des âmes consciencieuses et généreuses, qui veulent que toutes les nuances d'opinions soient représentées dans une commission; qui pensent d'ailleurs que, dans l'exécution d'une mesure adoptée par la majorité, la minorité doit apporter de la loyauté, de la franchise, et assurer la délibération prise dans le sens et l'esprit qui l'ont formée. Voudriez-vous, Messieurs, qu'on vous fît l'injure de croire qu'à la place de la majorité vous auriez pensé et agi autrement? Au reste, vous avez pris le soin d'établir et prouver que c'est une faute. Le projet d'adresse adopté par vous qui ne vouliez pas d'adresse, est une démonstration convaincante de cette faute.

*Vous étiez de cette minorité qui croyait d'abord pouvoir se dispenser de faire une adresse....*Bien, voilà votre première opinion, ce premier sentiment qui échappe et montre l'homme tel qu'il est. Vous ne vouliez pas d'adresse.

Mais pourquoi l'avez-vous voulue plus tard cette adresse? pourquoi y tenez-vous au point de la publier, de la promulguer, de l'imprimer après le vote contraire de la majorité? pourquoi donnez-vous ainsi un corps et une âme à ce qui n'existe pas d'après la délibération du conseil dont vous ayez l'inconvenance de vous moquer? car, faire revivre l'adresse, l'imprimer, la distribuer et la transmettre ainsi, peut-être, au Prince lui-même, c'est se rire et se jouer de la délibération qui l'a vouée au néant. Pourquoi? *Parce que nous avons reconnu que le projet proposé contenait les besoins, les vœux et l'esprit de la population.*

Ah ! vous reconnaissez donc qu'il est bon de faire des adresses pour exprimer à un prince les besoins, les vœux et l'esprit des citoyens, mais pas pour autre chose. Soit, mais alors que voulez-vous que disent vos *commettans* de votre première pensée, de cette première idée qui considérait l'adresse comme inutile ? ne les autorisiez-vous pas à croire que votre première pensée n'était ni pour leurs besoins, ni pour leurs vœux, ni pour leurs sentimens ? ne vous sépariez-vous pas de ces vœux, de ces besoins, puisque vous n'y songiez aucunement, et que vous croyez devoir vous dispenser de les exprimer ? voyez à quoi mènent deux idées contradictoires : ne vouloir pas d'adresse, et puis, la vouloir à toute force.

Sachez-le bien, Messieurs ; personne ne se trompe, personne ne peut se tromper sur cette façon d'agir. Vous ne vouliez pas d'adresse parce que votre bon sens vous disait qu'une adresse devait être d'abord une félicitation au prince, un témoignage public de la joie publique, ensuite l'expression des vœux et même des besoins de la population. Ces félicitations, cette manifestation de la joie publique qui pourtant éclate partout au passage *du Prince de la liberté*, vous ont fait peur. Donc, point d'adresse. Quand, plus tard, vous avez rédigé cette adresse telle qu'il vous la fallait, vous l'avez voulue avec passion, avec délire, pour laisser croire au prince que les besoins, les vœux, l'esprit d'une minorité étaient les vœux, les besoins et les sentimens de la population entière ; et lorsque la majorité du conseil n'a point partagé votre manière de voir, vous avez tenu plus fortement encore à votre ouvrage, et vous l'avez imprimé et distribué partout.

Est-il convenable à vous maintenant de dire : *et la majorité qui avait voulu une adresse en vote le rejet ?* Oui, sans doute, la majorité voulait une adresse, c'est-à-dire, ce que vous ne vouliez pas ; et elle a rejeté et dû rejetter celle que vous aviez faite, parce que vous l'aviez faite dans votre sens et non dans le sien ; parce que vous y aviez mis votre esprit, vos besoins et vos vœux, et non les sentimens, les vœux, les besoins de la cité.

Il aurait fallu la discuter, dites-vous ! je me permettrai de le faire tout-à-l'heure ; mais la majorité a été prudente et sage de ne pas ouvrir une discussion sur des questions inflammables que la minorité met partout en avant. C'est là en effet la tactique des minorités vaincues, de mettre toujours en discussion des idées exagérées qui leur permettent de manifester leurs opinions bouffies, et de faire du patriotisme de mots et de paroles comme pour se consoler de leur défaite.

Après ces observations préliminaires, je passe à votre projet d'adresse, et je le fais avec un serrement de cœur qui m'annonce combien ma tache devient pénible. Puisque vous analisez vous-même cette adresse, je vais vous suivre dans votre analise.

Suivant vous, on y trouve, 1° dans le premier paragraphe, *félicitations au Prince.*

Félicitations !.... Et où sont-elles ? Serait-ce, par hasard, dans le ridicule rapprochement *du duc de Bourgogne, du Prince et des Intendans ?* Serait-ce dans cette phrase : *Votre cœur vous a dit que* LA NATION N'ÉTAIT PAS DANS *les palais, et que la vérité y pénétrait rarement ;* sentence rebattue, bonne à dire, et qu'on ne dit pas à un roi absolu ; sentence

qui est une véritable injure pour un Prince, fils du Roi-Ci-
toyen, du Roi constitutionnel, du Roi élu par le Peuple,
qui s'entoure du Peuple, qui va lui-même, avec ses enfans, écouter ses vœux et recevoir ses hommages, qui se
présente à la Garde nationale, tend la main aux uns, parle
à tous, accueille leurs demandes, les reçoit à sa table; du
Roi que plusieurs d'entre vous sont allés visiter et compli-
menter, et en ont reçu des réponses qui, jadis, excitaient
leur enthousiasme. Dites, dites-nous donc : La nation
n'entre-t-elle pas dans le palais de ce Roi? La vérité n'y
pénètre-t-elle pas? Et qu'alliez-vous donc lui dire à Paris?

Et ce Prince élevé avec nos enfans, dans les mêmes col-
léges; ce Prince dont la présence excite dans le midi l'enthousiasme le plus prononcé, parce que ses paroles respi-
rent le plus pur amour de la liberté, ce Prince ne mérite
que ces injurieuses félicitations!...... Ah! Messieurs, nous
rendons grace à la majorité qui a mieux compris nos sentimens, ou si vous voulez notre esprit.

2° On trouve dans le 2ᵉ paragraphe, *intérêts de localité,
besoins du pays et esprit de ses habitans.*

Pardon, mais je ne trouve rien de tout cela dans ce paragraphe. J'y vois un tableau de notre département sous le
rapport du sol, de sa misère, du manque de communi-
cations, de l'interruption du commerce et de l'industrie, et
de sa richesse en courage, en patience, en patriotisme;
mais il n'y a rien qui expose *les intérêts de localité, les
besoins du pays et l'esprit de ses habitans.* Ces besoins du
pays, avec le talent des rédacteurs de l'adresse, auraient
pu être exprimés d'une manière plus explicite.

Le paragraphe commence cependant par une phrase que

j'aime à rappeler : « Les citoyens d'Aurillac voient avec re-
« gret votre altesse royale passer aussi loin d'eux. » Voilà
du véritable *esprit de la population*. Vous avez rencontré
juste cette fois. Il est seulement fâcheux que cette idée
française et surtout *Aurillacoise*, soit si courte, si brève,
et suivie de ce que nous allons examiner.

3° Vous dites qu'on trouve dans le 3ᵉ paragraphe, *des
vœux pour obtenir des institutions fortes et libérales, capables d'étouffer l'esprit d'émeute et de guerre civile.*

On y trouve encore plus que cela. Vous, fraction en
minorité du conseil municipal de la commune d'Aurillac,
prétendez parler au Prince au nom *des habitans de l'an-
tique et Haute-Auvergne*, dont certes vous n'êtes point les
représentans, et qui vous désavoueraient comme l'immense
majorité des habitans de la ville d'Aurillac désavouent
votre adresse.

Puis, arrivent *les maux et le fardeau qui accablent les
habitans de la Haute-Auvergne, leur résignation, leurs sacrifices* dont vous vous plaignez au nom de ces habitans,
tandis que toute la partie du département que le Prince
doit parcourir se lève en masse pour lui exprimer la joie
qu'inspire sa présence et lui adresser des félicitations. De
bonne foi, est-ce là une adresse de félicitation? D'ailleurs,
de quelle résignation, de quels sacrifices entendez-vous
parler? Quels sont les *malheurs* publics dont vous vous oc-
cupez en vous adressant au Prince? Dites donc nettement
*vos vœux, vos besoins*, pour qu'on puisse vous répondre
avec la même netteté? Considérez-vous le département, à
part ce qui résulte de la localité, et dont il est question
dans le second paragraphe, le considérez-vous comme

étant dans une position particulière et différente de la position du surplus de la France? Grace à Dieu, et au bon esprit qui anime la presque totalité de notre population, le carlisme n'ose pas se montrer comme à Marseille et dans la Vendée, ni le républicanisme s'insurger comme à Paris; voilà donc un grand mérite vraiment dont vous faites l'étalage au yeux du Prince, vous vous *résignez*!.......

Et pourquoi cette héroïque résignation? vous allez nous le dire vous-même, et soulever enfin dans ce paragraphe et les suivans, ce voile qui couvre votre mystérieuse pensée: pour *contribuer à doter la commune patrie d'institutions fortes et libérales*, SI SOUVENT PROMISES ET RÉCALMÉES, etc. Quoi! vous, membres du conseil municipal, qui avez juré fidélité au Roi des Français et *obéissance à la charte constitutionnelle*, vous méconnaissez l'existence d'institutions fortes et libérales en France; vous osez dire qu'elles ont été *si souvent promises*, et par conséquent jamais accordées! Et que pensez-vous donc de la Charte de 1830, de la liberté civile et religieuse, de la liberté illimitée de la presse, de la loi sur la Garde nationale, de celle sur l'organisation municipale, etc. Pour vous ce ne sont point là *des institutions fortes et libérales*; il vous faut plus encore. Et que demandez-vous? dites-le clairement, nettement, avec franchise? osez enfin, car le vague de votre pensée la rend insaisissable, et l'on ne peut la réfuter! Est-ce *la République*? vous ne seriez pas les premiers: d'autres, avant vous, l'avaient demandée et savent ce qu'elle a coûté à la France. D'autres ont voulu récemment encore l'établir à Paris avec son bonnet rouge, son drapeau rouge, ses carmagnoles, et nous savons tous comme elle a été reçue par les Gardes nationales, par les populations entières. Son inauguration était du sang, il fallait bien montrer son origine. Malheureusement ce sang est du sang français ; et, pour Dieu, soyons en avares.

Non, ce n'est pas ce que vous voulez ; Robespierre et Marat vous font horreur, j'en suis sûr. Mais vous avez pris une mauvaise route. Entraînés par l'exemple de quelques journalistes dont vous n'avez pu vous défier, vous avez, avec eux, répété des phrases convenues, de ces phrases à double sens, à double entente, qui laissent supposer plus ou moins, tout ce qu'on voudra, ou bien tout ce qu'on pourra ; de ces phrases qui montent l'imagination des têtes jeunes, ardentes, et qui dès-lors ne devaient pas être à votre usage. En effet, vous voulez des institutions *capables d'étouffer à jamais tout esprit d'émeute et de guerre civile ;* et les phrases de ces journalistes provoquent l'émeute et la guerre civile. Supposez la république, sous le gouvernement d'un *Président*, par exemple. Croyez-vous que la place du président fut tenable si la moitié seulement des insultes que la presse licencieuse a vomies contre la personne du chef de l'état et de sa famille, lui était adressée ? il ne gouvernerait pas deux mois.

Voyez comme dans le 4ᵉ paragraphe vous vous êtes laissé aller à cet entraînement d'une opposition exagérée.

4° Ce 4ᵉ paragraphe contient, selon vous, *l'offre des plus grands sacrifices pour la gloire et la prospérité de la France.* Énoncée de cette manière, la pensée est bonne, car elle est française. Quel est celui de nous qui répugnerait à de tels sacrifices ? Quand il s'agit de l'étranger, les armes à la main, les nuances d'opinion s'effacent ; il n'y a plus qu'un sentiment, celui de l'indépendance nationale. Etait-il besoin, pour exprimer ce sentiment, de parler

*des insultes et de la mauvaise foi des cabinets étrangers?*
Certes, ces insultes ne seraient soufferles par personne.
Mais en parler lorsqu'on s'adresse au Prince, au fils du
Roi des Français, à l'héritier de sa couronne, c'est supposer leur existence et insulter celui qui les supporte.
Or, . . . . . . Je m'arrête; je me hâte de dire que telle n'est
pas votre pensée. Mais telle est l'influence de ces feuilles
coupables qui, chaque jour, inventent des faits ou les dé-
naturent, certaines, comme elles le sont, de l'effet du
poison qu'elles répandent. Et croyez-vous de bonne foi que
la France soit aujourd'hui *une reine déchue?* Gardez-vous
bien de le penser. Elle règne par sa civilisation, par ses
institutions, par son amour pour la liberté, par le courage
de ses citoyens-soldats ou de ses soldats-citoyens, par les
arts, les sciences, et surtout par l'observance des lois.
Sans croire, comme vous, à la mauvaise foi des cabinets
étrangers, je ne suppose pas à tous ceux de l'Europe une
grande sympathie pour notre glorieuse révolution de juillet.
Est-ce à dire, pour cela, que nous subissons leurs insultes?
Non, non, et la tribune nationale a déjà réfuté plusieurs
fois cette odieuse imputation. Un conseil municipal pou-
vait-il, devait-il la ramasser dans les journaux et s'immis-
cer ainsi, sans connaissance de cause, dans les affaires de
la diplomatie? Qu'auront donc à faire nos députés, si
chaque conseiller municipal se croit autorisé par ses fonc-
tions honorables mais restreintes, à interroger ainsi le
pouvoir sur les relations de peuple à peuple, d'état à état?

5° Dans le 5ᵉ et dernier paragraphe, on y trouve, dites-vous, *l'espoir que cette gloire et cette prospérité renaî-
tront avec un gouvernement national, économe, et qui suivra
en tout les conséquences de la révolution de juillet.*

Il court, à l'occasion de ce paragraphe, une petite anecdote, fausse assurément, et que je vous demande la permission de raconter, après avoir transcrit le paragraphe lui-même.

« Mais quels que soient les événemens que garde l'avenir
« *à notre infortunée patrie*, ils espèrent voir encore se le-
« ver pour eux une *ère de gloire et de liberté*, dans un
« gouvernement fondé *sur la volonté nationale*, écoutant
« les vœux et les besoins des peuples, appliquant à toutes
« les branches de l'administration publique la plus sévère
« économie, etc. »

Je m'arrête ici, et pour cause. Le paragraphe s'arrêtait, dit-on, lui-même à cet endroit. Il était, assure-t-on encore, l'ouvrage de deux personnes soupçonnées de prendre leurs idées dans *la Gazette de France*, même dans celle d'*Auvergne*, et fut trouvé fort bon par la commission. Seulement on crut devoir y ajouter ces mots qui font un étrange contraste : « *et suivant en tout les conséquences de la révolution de juillet.*» L'addition était nécessaire, sans elle on aurait pu facilement se méprendre, et voir dans ce paragraphe les vœux de quelques partisans d'Henri V, plutôt que ceux des amis de a monarchie de juillet.

Effectivement, que dit l'adresse dans ce dernier paragraphe ?

Elle parle de *l'avenir* de notre *infortunée* Patrie. Donc, la Patrie n'est pas actuellement heureuse.

Elle parle de l'espérance de voir se lever une ère *de gloire* et *de liberté*. Donc, la France, en ce moment, est sans *gloire* et sans *liberté*.

Elle parle d'un gouvernement *fondé sur la volonté natio-nale.* Donc, le gouvernement actuel n'est pas fondé sur *la volonté nationale.*

C'est ainsi que s'expriment *la Gazette-mère* et toutes ses filles. C'est toujours pour elles, depuis la révolution de juillet, *les malheurs de la Patrie*, une ère future *de gloire* et *de liberté* sous *un gouvernement fondé sur la volonté nationale*, c'est-à-dire, sur le vote universel; et ce gouvernement appelé par le vœu des Gazettes, quel est-il? le gouvernement d'Henri V, sans lequel nous n'aurons jamais ni bonheur, ni gloire, ni liberté. Voyez-vous maintenant combien était nécessaire cette petite addition appelant toutes les consé-quences de la révolution de juillet, pour changer le carac-tère légitimiste du paragraphe?

Mais légitimiste ou non, comment ce paragraphe peut-il se trouver dans l'adresse d'un conseil municipal au Prince assis sur les marches du Trône de juillet? n'est-il pas de la dernière inconvenance de lui présenter dans l'avenir l'idée d'un autre gouvernement, d'un gouvernement fondé sur la volonté nationale, et lui dire implicitement ainsi, que le gouvernement de son père, celui qu'il doit continuer, n'est pas fondé sur la volonté nationale? quelle idée, grand Dieu! si l'on considère qu'elle émane de personnes qui, naguère, ont prêté serment de fidélité au Roi, et d'obéissance à la Charte? Voilà ce que vous nommez une adresse; voilà ce que vous dites les vœux, les sentimens, les besoins des ci-toyens du chef-lieu du Cantal; voilà ce que vous faites im-primer, ce que vous appelez *le patriotisme le plus désintéressé et les intentions les plus pures*.....Gardez-le ce patriotisme, s'il est le vôtre; gardez-le pour vous seuls. Vos concitoyens, ceux qui vous ont nommé n'en veulent pas de cette espèce et de cette qualité, ils veulent la révolution de juillet, la Charte de juillet, le Trône de juillet qui en sont la conséquence ; ils veulent des améliorations progressives opérées légalement par le seul mouvement des ressorts de la monarchie constitutionnelle, et non pas le renversement à coups d'émeutes et de révolte, légitimiste ou républicaine, de ce que le peuple a fondé après sa victoire sur le parjure.

Entendez-le ce peuple que la voix patriotique du Prince électrise dans le midi ; écoutez ces cris de joie, ces transports qui éclatent à chacune des paroles d'un jeune homme qui parle sans cesse de la liberté, des droits du peuple, du bonheur du peuple, qui veut voir l'intrépide *Chazal*, notre compatriote, et le remercier de sa courageuse audace contre le carlisme. Oui je regrette qu'il passe aussi loin de nous. Vous l'auriez entendu vous-mêmes ; nos concitoyens l'auraient entendu, et, j'en suis sûr, l'idée d'une adresse semblable à la vôtre serait rentrée au fond du cœur, si vous aviez pu la concevoir.

AURILLAC, DE L'IMPRIMERIE DE VIALLANES.